フランスの森と動物の
クロスステッチ

214点のたおやかで
美しいモチーフ

Monochromes et camaïeux à broder au point de croix
by Hélène Le Berre

Direction éditoriale : Tatiana Delesalle
Édition : Mélanie Jean
Direction artistique : Chloé Eve
Mise en page : Vincent Fraboulet
Textes : Laurence Wichegrod
Photographies : Fabrice Besse
Stylisme : Sonia Roy
Fabrication : Audrey Bord
Merci à Mélissa Lagrange pour son aide précieuse et efficace.

First published in France in 2016 by Éditions Mango
© Éditions Mango
15-27 rue Moussorgski, 75895 Paris, cedex 18, France

Merveilleux Noël à broder au point de croix
by Hélène Le Berre

Direction éditoriale : Tatiana Delesalle
Édition : Mélanie Jean
Direction artistique : Chloé Eve
Mise en page : Vincent Fraboulet
Textes : Laurence Wichegrod
Photographies : Fabrice Besse
Stylisme : Sonia Roy
Fabrication : Audrey Bord
Merci à Mélissa Lagrange pour son aide précieuse et efficace.

First published in France in 2018 by Éditions Mango
© Éditions Mango
15-27 rue Moussorgski, 75895 Paris, cedex 18, France

This Japanese edition was published in Japan in 2019
by Graphic-sha Publishing Co., Ltd.
1-14-17 Kudankita, Chiyoda-ku, Tokyo 102-0073, Japan
Tel: +81 (0)3-3263-4318

Japanese text and instruction page 113-119
© 2019 Graphic-sha Publishing Co., Ltd.

All rights reserved. No part of this publication
may be reproduced, stored in a retrieval system, or
transmitted in any form or by any means, electronic,
mechanical, photocopying, or otherwise, without the
prior permission of the publisher.

ISBN 978-4-7661-3280-9 C2077

Printed and bound in Japan

Japanese Edition Creative Staff
Translation & Writing: Rica Shibata
Instruction pages: Yumiko Yasuda
Supervisor: Yumiko Yasuda
Layout: Shinichi Ishioka
Jacket design: Chiaki Kitaya, CRK design
Editor: Kumiko Sakamoto (Graphic-sha Publishing Co., Ltd.)

フランスの森と動物のクロスステッチ

214点のたおやかで
美しいモチーフ

g

Préface
はじめに

　フランスと聞いてどんなイメージをお持ちでしょう？ ファッション、グルメ、アート……。けれども、パリ近郊の森から、アルプスの雄大な山脈まで、大自然が豊かなのもフランスの大きな魅力のひとつです。

　そんな森の中に分け入って、木の精霊の声に耳を澄まし、木の実拾いに夢中になった幼い頃を思い出すような、ノスタルジック＆ポエティックな刺しゅうの世界へご案内します。動物や鳥、木々、植物、花……森の仲間たちがあなたを迎えてくれます。雪の上に残された動物たちの小さな足跡を追うように、チャートのマス目をひとつひとつ目で追いかけて。そして、鳥たちのさえずりにあわせ、ハミングしながらひと針、ひと針、ステッチを刺してみて。 小さなステッチが、心躍るモチーフとなって飛び立っていくことでしょう。

　後半はモノクロームとグラデーションをテーマに、限られたカラーパレットの中でクロスステッチの新たな可能性に挑戦しました。黒×白、あるいは単色で同じ色調の組み合わせ。 同じ色または色調のグラデーションで表現した、モノクロームの絵画。刺しゅう布の余白と糸が紡ぎ出す、バランス、アンバランス、リズムの戯れ。一幅の絵画のようでありながら、あくまでも小さな点の集合体。単色のモチーフから想像力をはばたかせ、繊細で魅惑的な光と影の世界の刺しゅうをお楽しみください。

エレーヌ・ル・ベール (Hélène Le Berre)

Sommaire もくじ

Préface
はじめに ... 5

Les broderies
刺しゅう ... 9

モミの木の美徳 ... 10
オークの葉のブーケ ... 12
サンザシの木の下で ... 14
小さな木の実 ... 16
冬の動物たち ... 18
カトラリーケース ... 20
シカとモミの木 ... 22
鳥たちが歌うリース ... 24
食いしん坊なリス ... 26
クリスマスが待ち遠しい ... 28
優美な角のシカ ... 30
フォトブックカバー ... 32
冬の花のブーケ ... 34
セージのリース ... 36
雪のひとひら ... 38
松ぼっくり拾い ... 40
松ぼっくりのサシェ ... 42
やさしいヒイラギ ... 44
ヒイラギ柄のラッピング風呂敷 ... 46
モミの森のアルファベット ... 48
夢畑のアルファベット ... 50
エレガントなクリスマスローズ ... 54
赤と白のクリスマス ... 56

Les grilles
チャート ... 59

たゆたうタンポポの綿毛 ... 80
バラの花束 ... 82
雪景色 ... 84
繊細なシダ ... 86
おしゃまなネコ ... 88
クジラの歌 ... 90
キツネとコウノトリ ... 92
チューリップ畑 ... 94
夢のツリーハウス ... 96
雨降り ... 98
クリスマスツリー ... 100
刺しゅう道具 ... 102
かわいい看板 ... 104
ロココな田園風景 ... 106
白いクジャク ... 108

刺しゅうの出来上がりサイズと目数について ... 113
これは便利！ステッチのバリエーション ... 114
これは便利！チャートの見方と刺し方 ... 115
目数と出来上がりサイズ早見表 ... 116

Réalisations
作品の作り方

松ぼっくりのサシェ ... 118

Vertus du sapin
モミの木の美徳 　チャート：P.60

モミの木の精油は、リラックス効果や鎮痛作用などさまざまな効能があることで知られています。また、モミの木の新芽はハーブとして料理に使われることも。

モミの木の甘露な蜜

　フランスはハチミツの種類が多く、ラベンダーやオレンジの花など単一の花のハチミツに加え、栗の木や松の木、モミの木など樹木のハチミツも人気です。ハチミツといえば一般的にミツバチが集めた花蜜を指しますが、こうした樹木のハチミツは正確には「甘露蜜」と呼ばれています。樹液を吸った昆虫が出す甘い露のような分泌液を、ミツバチが集めて作りだしたハチミツなのです。樹木のハチミツは黒に近い褐色でテクスチャーはかなり濃厚、個性的で力強い味わい。なかでもモミの木のハチミツは、森林浴をしているような清涼感あふれる深い味わいが特徴です。ヴォージュ山脈やジュラ地方、オーベルニュ地方やピレネー山脈、アルザスなどが産地として知られており、ほかの樹木のハチミツよりも希少で、お値段もちょっと高め。

　また、モミの木の新芽と砂糖で作ったシロップは、昔から風邪予防や咳止めとしてフランスの家庭に伝わる、"おばあちゃんの知恵袋"レシピです。

Bouquet de feuilles de chêne
オークの葉のブーケ　チャート：P.61

フランスでは秋の結婚式のブーケに、花だけでなく樹々の葉が使われることも。なかでもオークの葉はもっともポピュラー。
葉の色づき具合によって、ブーケにニュアンスを添えてくれます。

森の王様オーク

　ヨーロッパでは、オーク（ナラ）は聖なる木として称えられ、力強さと忍耐、長寿のシンボルとされてきました。ラテン語の学名「Quercus」は"素晴らしい木"を意味します。

　はるか昔から、オークの木はヨーロッパの人々の生活と密接に関わってきました。耐久性と耐水性に優れているため、中世の時代から建築物の板張りや床板の素材として高く評価され、19世紀までは船の材料としても使われていたのです。さらに、堅いながらも扱いやすいことから、豪華な彫刻模様を施した高級家具の素材にもなりました。また、オークの表皮にはタンニンが多く含まれているため、かつては草の染色に使われていました。

　中世に建てられた教会の柱や壁には、木の葉で覆われた人面彫刻のモチーフが施されていることがあります。これは「グリーンマン」と呼ばれ、原始宗教や古代の自然崇拝に関係する樹木の精霊。カエデやツタをまとった顔もありますが、オークの葉をまとったものが数多く見受けられます。

Sous l'aubépine
サンザシの木の下で　チャート：P.62

サンザシは妖精と関わりが深い木として知られています。
妖精たちはサンザシの周りで踊るのが大好き。
でも、ときにはサンザシの木の下にいる人間をさらうことも……。

サンザシの古木

　初夏に真っ白でかぐわしい花を咲かせ、秋には真っ赤な実
をつけるサンザシは、バラ科の低木で、その種類は世界中で
200種とも1000種を超えるともいわれています。

　古代よりヨーロッパでは、サンザシは無垢と純潔、生命力
のシンボルとされていました。中世の時代には忠実な結婚の
象徴とされ、新郎新婦は結婚式にサンザシの枝を胸に飾る習
慣がありました。また、ケルトの文化が色濃く残るブルター
ニュ地方では、サンザシの木には雷が落ちないことから、悪
魔に守られた木だと信じられていました。

　ノルマンディー地方の町ブクト（Bouquetot）の教会脇にあ
るサンザシは、ノルマンディーがフランスに編入されたこと
を祝い1355年に植樹されたといわれています。また、ロワー
ル地方のサン＝マルス＝シュル＝ラ＝フュテ（Saint-Mars-sur-
la-Futaie）のサンザシは、フランスで一番古い木といわれてお
り、言い伝えによると3世紀のものだとか。どちらもフラン
スの天然記念樹に指定されています。

Petits fruits et baies
小さな木の実　チャート：P.63

ヒイラギの赤い実、スノーベリーの白い実、サンザシの赤い実、
松ぼっくり……。耳を澄ませば、鈴の音が聞こえてきそう。

どんぐり集めと栗拾い

　中世の時代、ヨーロッパの人々は10月になると豚を森に連
れていき、地面に落ちたどんぐりを食べさせました。現在で
も、スペインのイベリコ豚は、どんぐりで育つ豚として有名
です。イベリコ豚といっても、すべての豚がどんぐりで育つ
わけではなく、一般的な飼料で育ったものは「セボ」、どんぐ
りで育ったものは「ベジョータ」と呼んで区別されます。フ
ランスでも、ナポレオンの故郷であるコルシカ島のコルシカ
豚は、原生林の中に放牧され、野生のどんぐりや栗を食べて
育ちます。また、バスク地方の"キントア豚"も、半放牧され
て野生の木の実を食べて育ちます。

　コルシカ島といえば、山が多く平野が少ない土地ゆえに
小麦の栽培に適さないため、20世紀まで主食は栗でした。
栗の実をひいた粉を、水で練って粥状に炊いた「プランダ
(pulenda)」が代表的な食べ方で、パンやクレープとしても
食されます。

Les animaux en hiver
冬の動物たち　チャート：P.64

真っ白な世界に小さな足跡を残したのは誰？
シカ、ウサギ、野鳥、キツネ、テン……小さな動物たちの息遣いが
静寂の森にやさしさを添える、はかなくもポエティックな情景。

パリで剥製ウォッチ

　パリ3区のマレ地区と呼ばれるあたりは、中世の貴族の館が点在する瀟洒なエリア。そのうち隣り合う2棟の館は、「狩猟自然博物館（Musée de la Chasse et de la Nature）」として公開されています。ここはその名の通り、狩猟にまつわる伝統と歴史、芸術をテーマにした博物館。おびただしい数＆種類の動物たちが、剥製という永遠の姿で迎えてくれます。ほかにも狩猟道具や、動物にまつわる絵画や彫刻など芸術作品が趣向を凝らして展示されており、館の雰囲気とあいまって、さながら異世界に迷い込んだかのよう。

　また、セーヌ川の対岸、オルセー美術館の近くにある「デロール（Deyrolle）」は、"驚異の小部屋"を謳う標本＆剥製の専門店。この店の歴史は1831年にさかのぼります。当初は昆虫採集用の道具の専門店としてスタートしましたが、標本・剥製制作にも力を入れるようになりました。自然科学の世界や学校教材として教育の現場に貢献しただけでなく、この唯一まれなる店は芸術家たちにもインスピレーションを与え、画家のダリや作家のナボコフも足しげく通いました。

Mes pochettes à couverts
カトラリーケース

Un cerf sous un sapin
シカとモミの木 チャート：P.65

森の中に凛とたたずむシカの姿は、神々しくさえあります。
それもそのはず、ケルト神話ではシカは女神の化身なのですから……。

"パセリ"と呼ばれたシカ

　パリの寄宿舎に暮らす女の子が活躍する絵本、『マドレーヌ』シリーズで知られる作家のルドウィッヒ・ベーメルマンス（Ludwig Bemelmans）は、『パセリとモミの木』でシカとモミの木の友情の物語を描いています。

　ある森の奥に、古いモミの木がありました。まっすぐ育った他の木は次々に伐採されて木材になってしまいましたが、このモミの木は崖に根を張り、そのため、ねじ曲がった形に育ったのが幸いして切り倒されることはなかったのです。この木に護られるように、1匹のシカが暮らしていました。パセリが大好物でパセリばかり食べるので、"パセリ"と呼ばれていました。パセリは自分の角と同じように曲がった枝のモミの木が大好きで、2人は心を通わせて幸せに暮らしていました。そんなある日、人間がシカを狩りにやって来ました。すると、モミの木は枝をバネのようにしならせて猟師を谷底に叩き落とし、パセリを救ったのです。

La couronne aux oiseaux
鳥たちが歌うリース　チャート：P.66

ヨーロッパコマドリは、ヨーロッパを代表する野鳥のひとつ。
とくにイギリスではなじみが深く、非公式ながら国鳥として愛されています。

コマドリをめぐる小さなお話

　ヨーロッパコマドリはフランス語で「rouge-gorge」（ルージュ・ゴルジュ）と呼ばれ、「のど赤」を意味しています。実際は赤というより濃いオレンジ色ですが、この呼び名が生まれた中世の初期には果実のオレンジはヨーロッパには存在せず、オレンジ色という表現がなかったからです。なぜこの鳥はのど元が赤いのか、クリスマスにまつわるこんなお話が伝わっています……。

　ある冬の日に、小さな鳥が、寒さをしのぐ場所を探して飛び回っていました。ところが、木々や草木たちは、誰も鳥を迎えようとしません。そんななかヒイラギは、鳥を受け入れてくれました。けれどもヒイラギの棘が刺さり、鳥はのど元から血を流しました……。こうして鳥は"のど赤"となったのです。ヒイラギ以外の木々は罰として、冬には葉が落ちる刑に処され、一方、ヒイラギはこの出来事を忘れぬよう、その実を赤く染めるようになったといいます。

Petit écureuil gourmand
食いしん坊なリス　　チャート：P.67

フランス語でリスは「écureuil」。リスの大好物であるナッツや穀物入りのパン、とりわけヘーゼルナッツがぎっしり詰まったパンは、「pain écureuil」と呼ばれることも。

日常会話のヘーゼルナッツ

　フランスでは夏になると、緑のガラがついたままの生のヘーゼルナッツがマルシェに並びます。フランス人にとって、「noisette（ヘーゼルナッツ）」は極めてなじみの深いナッツ。その色と大きさからイメージするものを表す言葉として、日常会話のなかにしばしば登場します。たとえばカフェで、「un café s'il vous plait（コーヒー1杯ください）」と頼むとエスプレッソコーヒーが出てきますが、「une noisette s'il vous plait（ヘーゼルナッツ1杯ください）」と頼むと、エスプレッソに少量のミルクを加えてくれます。その色はまさにヘーゼルナッツ色！　カフェオレやカプチーノでは多すぎるというときにおススメです。また、料理やお菓子のレシピで材料の分量が「noisette」と記されていたら、ヘーゼルナッツ大の量＝少量を表します。同じくレシピに「beurre noisette」という表現がでてきたら、これはヘーゼルナッツ（ハシバミ）色のバター。つまり、焦がしバターのこと。

Compter les jours
クリスマスが待ち遠しい　チャート：P.68

動物や野鳥、植物たちがチャーミングに彩ったカレンダー。
まるごと刺してタペストリーに仕上げたり、お気に入りの数字モチーフだけ
ワンポイント的に刺しても。

パリ市内の歴史ある動物園

　パリ5区にある「パリ植物園（Jardin des Plantes de Paris）」の歴史は、1633年に設立された王立薬草園にさかのぼります。広大な敷地内には、世界中の植物を集めた庭園、大温室、自然史博物館などがあり、5.5ヘクタールと小さいながら動物園もあります。この動物園は、フランス革命後の1794年に開園した、世界で2番目に古い動物園。ヴェルサイユ宮殿で飼育されていた動物や、個人所有の動物を収容したのが始まりです。キリンやゾウ、シロクマ、アザラシがフランスで最初にお披露目されたのは、この動物園でした。

　1970年代からライオンやキリン、ゾウ、ゴリラ、クマなど大型スターはヴァンセンヌの森の動物園に移されたため、華やかさはありませんが、現在は約190種の珍しい動物や絶滅の危機にある動物が飼育されています。園内の建物は歴史的建造物に指定されているだけあって、レトロで趣きのある雰囲気。そぞろ歩くだけで、古きよき時代にタイムスリップできます。

Bois de cerf
優美な角のシカ　チャート：P.69

まだ角の生えそろわない幼いシカが草木を頭に飾ったら、
なんとも可憐で勇ましい若シカに。ちょこんと木の枝に留まった鳥がさえずり、
さらに華やかな雰囲気を演出。

洞窟に描かれたアート

　フランス南西部のヴェゼール渓谷にある「ラスコー洞窟」
には、約2万年前の人類が描いた壁画が残っています。全長
約200メートルのこの洞窟内部に描かれているのは、2メー
トルもの巨大な牛をはじめ、馬、シカ、ヤギ、パイソンなど
600頭にもおよぶ野生動物や人間。なかでもシカは、「ライオ
ンとオオツノシカ」、「刻まれたシカ」、「泳いでいるシカ」な
ど数多く登場します。「泳いでいるシカ」は、地面から約2メー
トルの高い位置に描かれており、ハシゴを使って描いたとい
う説も。

　ラスコー洞窟の壁画は、顔料を使った彩色と、石器で線を
彫り込む線刻という2つの技法で描かれており、その技術の
高さ、躍動感あふれる表現、保存状態のよさから、現在発見
されている先史時代の洞窟壁画のなかでも最高傑作といわれ
ています。残念ながらオリジナルの洞窟は非公開ですが、こ
の洞窟の2／3を忠実に再現したレプリカの洞窟「ラスコーⅡ」
で見学が可能です。また、2017年には最新デジタル技術を導
入した最新レプリカ洞窟「ラスコー国際洞窟壁画芸術センター
（ラスコーⅣ）」もオープンしました。

Une couverture pour mon album
フォトブックカバー

Bouquet de fleurs hivernales
冬の花のブーケ チャート：P.70

クリスマスローズ、パンジー、ミモザ、カメリア、スノードロップ……
冬に咲く花をやさしいニュアンスカラーでまとめ、
ツリーに見立てた豪華なブーケに。

冬を追い払う花

　スノードロップはヨーロッパに自生する、春の訪れを
告げる花。愛らしい釣り鐘状の白い花をつけ、まだ真冬
のさなか、雪の中から花を覗かせる姿は可憐でいじら
しくもあり、凛としたたくましさも感じられます。ス
ノードロップの誕生には、こんな言い伝えが残ってい
ます。

　春の妖精は、冬の魔女を追い出そうとして闘いました。け
れど、魔女が立ち退く気配がないので、妖精は最後の手段に
出てみずから指を切ります。雪の上に血がしたたり落ち、溶
けたとたん、その場所に花が咲きました。こうして春の妖精
は冬の魔女に勝利したのです……。

　フランスではこの花を、"聖燭祭のスミレ"とも呼びます。「聖
燭祭」というのはクリスマスから40日目にあたる2月2日で、
「マリアの清めの祝日」。聖母マリアが教会で出産の汚れを清
めたといわれる日です。この日にはクレープを食べる習わし
があり、教会ではスノードロップを祭壇に飾ります。

La couronne de sauge
セージのリース　　チャート：P.71

セージは古代ギリシャ時代よりさまざまな薬効に富む植物として知られ、
「セージが庭にあれば医者いらず」と言われるほど万能なハーブです。

万能ハーブ

　セージの学名「Salvia」はラテン語の「salvare」が語源で、
これは"救う"とか"回復させる"という意味。セージは胃の
機能を活発にし、消化を助け、血の循環を促し、身体のあら
ゆる活動を刺激します。また、過労やストレスで精神的に疲
れている人にも有効です。

　フランスでは"聖なるハーブ（herbe sacrée）"や"フラン
スの茶葉（Thé de France）"の俗名でも親しまれています。
かのカール大帝はセージの栽培を奨励し、中世の時代には
ヨーロッパ各地の修道院で栽培されていました。太陽王とし
て知られるルイ14世は滋養強壮剤として、毎朝セージティー
を2杯飲んでいたといいます。

　セージは魚や肉の臭みや脂っこさを抑えるためのスパイス
としても使われてきました。とくに南仏の料理には、セー
ジ、バジル、ローズマリー、タイム、マジョラムなどを合わ
せたミックスハーブ「エルブ・ド・プロヴァンス（herbe de
Provence／プロヴァンスのハーブ）」が欠かせません。

A la découverte des flocons de neige
雪のひとひら　チャート：P.72

ひらひら舞う雪の花びら……雪の結晶のほとんどは六角形をしています。
けれども、どれひとつとして同じ形のものはありません。
自然界の完全な美を、ステッチで永遠に閉じ込めて。

雪の写真家ベントレー

　雪の結晶の元は、はるか上空で生まれます。水蒸気が凍った小さな氷の粒が、空気中の小さなチリの周りに凍りつき、さらに氷の粒をまといながら、どんどん大きくなっていくのです。どんな形の結晶になるかは、雪が成長するときの温度や気象条件によって決まります。

　雪の結晶が初めて写真に映されたのは1885年のこと。この偉業を成し遂げたウィルソン・A・ベントレー（Wilson Alwyn Bentley）は、当時まだ19歳の少年でした。ふたつとして同じ形の雪はないということに最初に気がついたのも、この少年です。

　アメリカのバーモント州に生まれたベントレーは、顕微鏡で見た雪の結晶の美しさに感動し、雪の研究と雪の結晶の写真撮影に生涯を捧げました。カメラに顕微鏡を取り付けたり、黒いボードの上に雪を乗せるなど試行錯誤を繰り返し、雪の結晶の写真を5000枚以上も残しました。その写真はどれも、雪の結晶が織りなす美しい幾何学模様をとどめています。

La cueillette des pommes de pin
松ぼっくり拾い　チャート：P.73

松ぼっくりの開いたカサとカサの間には、薄皮に包まれた種子、
つまり「松の実」が隠れています。南仏をはじめ、
地中海沿岸の国ではおなじみの食材のひとつです。

南フランスのお菓子

　イタリアカサマツ（学名：Pinus pinea）は地中海沿岸が原産の松で、その種子が食用になることから、少なくとも6000年前から栽培されてきました。また、貨幣の代わりに使われていたといいます。

　かのノストラダムスはプロヴァンス地方の出身。1555年に刊行した『化粧品とジャム論(Le Traité des Fardements et des Confitures)』のなかで、「ピニョーラ(pignolat)」のレシピを紹介しています。これは松の実、アーモンド、ピスタチオ、砂糖を使ったヌガーに似たお菓子です。現在でもこの地方には松の実を使ったお菓子が多く、スペシャリテの「タルト・オ・ピニョン(tarte aux pignons／松の実のタルト)」は、アーモンド入りの生地にカスタードを敷き詰め、松の実をのせて焼いたタルト。三日月型のクッキー「クロワッサン・オ・ピニョン(croissant aux pignons)」は卵白、砂糖、アーモンドパウダーがベースの生地に、オレンジフラワーウォーターで香りづけし、松の実を表面にたっぷり飾った素朴な焼き菓子です。

Des sachets en pomme de pin
松ぼっくりのサシェ　チャート：P.73／作り方：P.118

松ぼっくりモチーフの小さなサシェは、クリスマスの季節を盛り上げてくれるアイテム。中にキャンディーやお菓子を詰めてツリーやアドベントカレンダーに飾ったり、ちょっとしたプレゼントのラッピング代わりにもぴったり。

Le houx, un arbre sacré
やさしいヒイラギ　チャート：P.74

真冬に赤い実をつけることから、古くからヒイラギは
聖なる木とみなされていました。また、常緑樹であるヒイラギは、
その生命力の強さから、健康や長寿のシンボルとされています。

聖なるヒイラギ

　ギザギザの葉がキリストのいばらの冠を思わせ、赤い実はキリストの血を表すとして、ヒイラギはクリスマスには欠かせない植物です。また、ヒイラギとキリスト教にまつわるこんな伝説もあります。

　ユダヤを支配していたヘロデ大王は、ユダヤ人の新王となる赤子が生まれたと聞くと兵を送り、2歳以下の子どもを皆殺しにするよう命じました。幼児イエスを抱えたヨセフとマリアは、天使に導かれてエジプトへ逃れます。ヒイラギの茂みに身を隠した彼らのもとへ兵が迫ってきましたが、ヒイラギの枝が伸びて守ってくれました。兵が立ち去るのを見届け、隠れていたヒイラギの茂みから身を出すと、マリアはヒイラギがエバーグリーンであり続けるよう祝福しました。それ以来、ヒイラギは一年中緑の葉をつけるようになったのだといいます。

Un furoshki pour emballer les cadeaux
ヒイラギ柄のラッピング風呂敷

Abécédaire de la forêt de sapins
モミの森のアルファベット　チャート：P.75

清々しい森林浴をイメージした、モミの木のアルファベットの森。
ヴォージュ（Vosges）地方の名産、モミの木の形を模した松脂入りの
ハチミツキャンディーを思わせます。

天然かフェイクか？

　フランスでは毎年、600万本ものクリスマスツリーが販
売され、そのうちプラスティック製のフェイクのモミの木
は100万本です。本物のモミの木はブルゴーニュ地方のモー
ヴァン（Morvan）が主要産地。モミの木と一言で言っても、
ツリーに使われるものはいくつか種類があり、ポピュラーな
のは「オウシュウトウヒ（学名：Picea abies）」。見た目は
モミの木ですがトウヒ属の樹木で、成長が早いため価格は安
め。最近では、ノルマンドモミ（Abies nordmanniana）とい
うコーカサス原産のモミの木の栽培が盛んです。

　フェイクのモミの木が初めて登場したのは、19世紀のド
イツ。ガチョウの羽を緑に色付けし枝葉に見立てたものでし
た。これがアメリカに輸出され、地元企業が動物の毛を緑に
染めたフェイクモミの木を造るようになったのです。1950年
代の末には、アルミニウム製のシルバーのモミの木が登場し、
1960年代の中頃まで人気を博しました。アメリカでは、今で
もフェイクのモミの木を買う人の方が3倍も多いといいます。

Abécédaire des champs enchantés
夢畑のアルファベット　チャート：P.76-77

パリから電車で30分も行くと、草原や牧草地、麦畑が一面に広がります。
穀物の収穫が終わると畑にはロール状に巻いた藁が転がり、
ミレーの風景画のよう。

森林の郷の特産ワイン

　フランス東部のジュラ山脈一帯は、ジュラ（Jura）地方と呼ばれ、ケルト語の「juris（山地の森）」が地名の語源になっているとおり、とても自然が豊かな土地です。

　この地では「ヴァン・ジョーヌ（vin jaune／黄ワイン）」と「ヴァン・ド・パイユ（vin de paille／藁ワイン）」という独特なワインが造られています。前者は黄色をした極辛口の白ワイン。一般的な白ワインと同じ醸造法で仕込んだ後、木樽に詰めて最低でも6年熟成させます。この間、ワインの表面には酵母の皮膜が形成され、この膜のおかげでワインは適度に空気に触れるため、少しずつ酸化熟成し、色合いも黄色みを帯び、独特の風味が生まれるのです。後者の藁ワインは、収穫したブドウを藁の上で乾燥させ、水分を十分に蒸発させて糖分が凝縮したブドウから造る甘口ワインです。

　この地方の特産「コンテチーズ」は、ハードタイプの熟成チーズで、ナッツを思わせる深みのある風味が特徴。個性的な黄ワインや藁ワインとも相性抜群です。

L'élégante hellébore ou la rose de Noël
エレガントなクリスマスローズ　チャート：P.78

クリスマスローズを主役に、アルファベットをデコラティブにあしらったモチーフ。
アルファベットの淡いブルーは、この花の咲く雪景色の冷たさと美しさをイメージさせます。

クリスマスに咲くバラ

　真冬のさなかでも咲くクリスマスローズは、そのひたむきさと気品から、「冬の貴婦人」の異名も。クリスマスの日にまつわる、こんなお話を紹介しましょう……。

　キリストが生まれた夜、羊飼いの少女マデロンは、東方の三博士が赤子にお祝いをしに行くため雪の中を進んでいくのを見かけ、自分はなにも贈り物ができないからと泣いてしまいました。すると天使が現れ、雪の上に落ちた涙にそっと触れ、贈り物を咲かせました。それはピンクの濃淡を施した白い花。こうしてクリスマスローズは誕生したのです。

　その可憐な姿とは裏腹に、クリスマスローズには毒性があります。少量を煎じると、精神の高ぶりを鎮める薬になるとされ、古代ローマでは精神安定剤として用いられていました。また、根は下痢を発症させます。古代ギリシャでは、アポロン神をないがしろにしたキラ人を討つために第一次神聖戦争(紀元前550年)が勃発した際、同盟軍は敵方キラの水源にクリスマスローズの根を投げ入れ、住民を下痢で苦しめ、キラを陥落させたと言われています。

Noël rouge et blanc
赤と白のクリスマス　　チャート：P. 79

リネンに赤い糸だけで刺したアルザス地方の伝統的な刺しゅうのように、
赤×白だけのシンプルなアルファベットは、かわいい民芸調テイストで、ほっこりなごみます。

フランスとギンガムチェック

　赤と白の大振りのギンガムチェックのテーブルクロスは、ノスタルジックなビストロやカフェでおなじみのアイテム。スーパーには、カマンベールチーズの包装紙、ジャムの瓶、クッキーの箱、ソーセージのパッケージなど、赤×白のギンガムチェックが溢れています。食品メーカーは自社製品のイメージを上げるために、古きよきフランスを彷彿とさせる柄を戦略的に用いているのです。

　フランスでギンガムチェックがポピュラーになったのは1930年代。まずはテーブルクロスやカーテン、キッチンアイテムに広がりました。とくにピクニックでは赤と白の格子柄クロスがお約束アイテムに。1948年、パリ18区のモンマルトルの丘のふもとに安売りデパート「タチ（TATI）」がオープン。ピンク×白のギンガムチェックのロゴでインパクトを与えました。そして1959年、大スターのブリジット・バルドーが結婚式にピンクのギンガムチェックのドレスを着たことで、この柄はモードの世界でも大ブームを巻き起こしたのです。

クロスステッチ
2本どり

■	606
▨	165
▨	166
■	581
■	563
■	562
■	435
■	434
▥	B5200

バックステッチ

—	606
—	166
—	581
—	563
—	598
—	562
—	435
—	434
—	B5200
—	D3821

フレンチノット

○	B5200

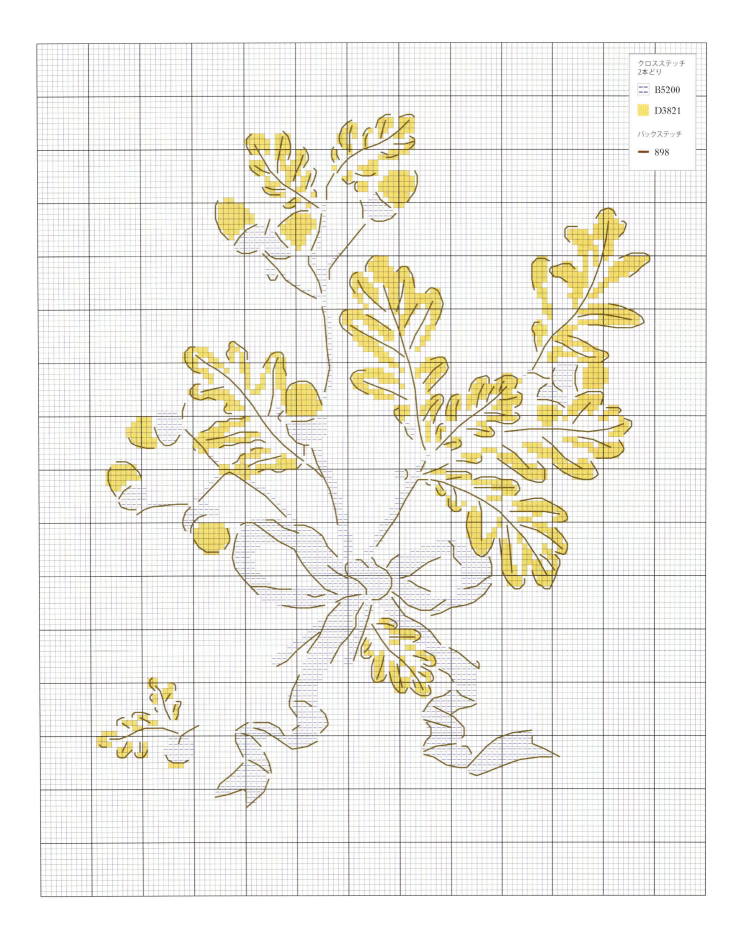

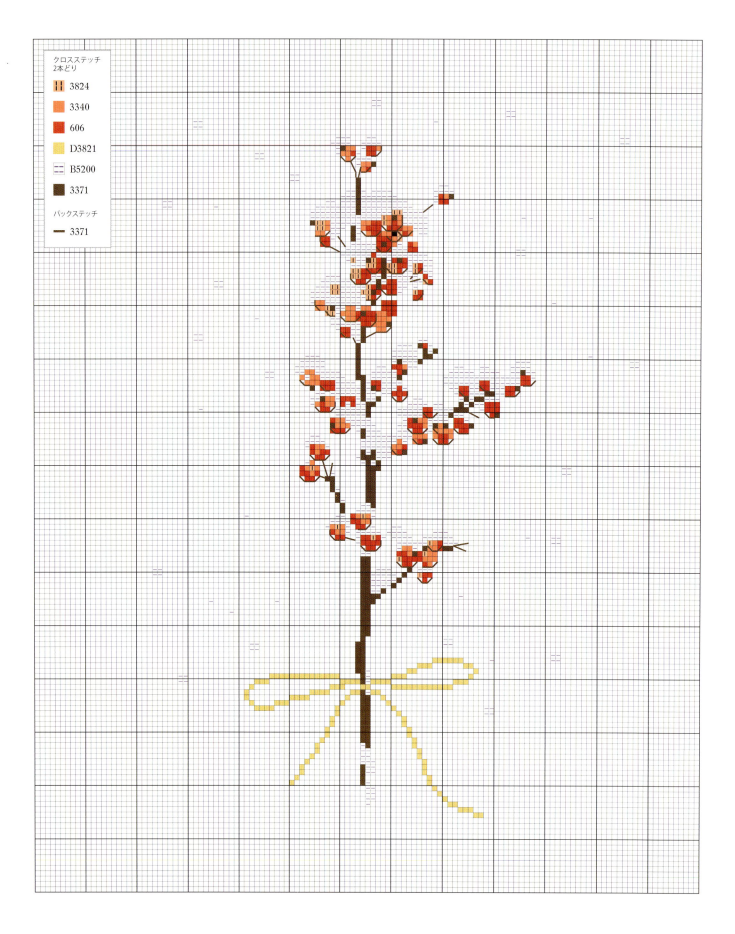

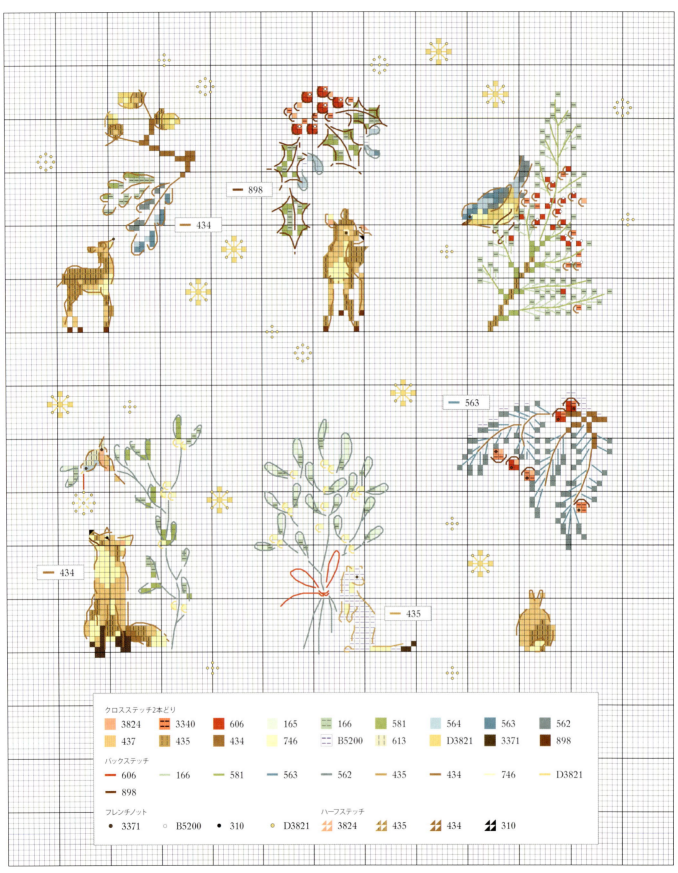

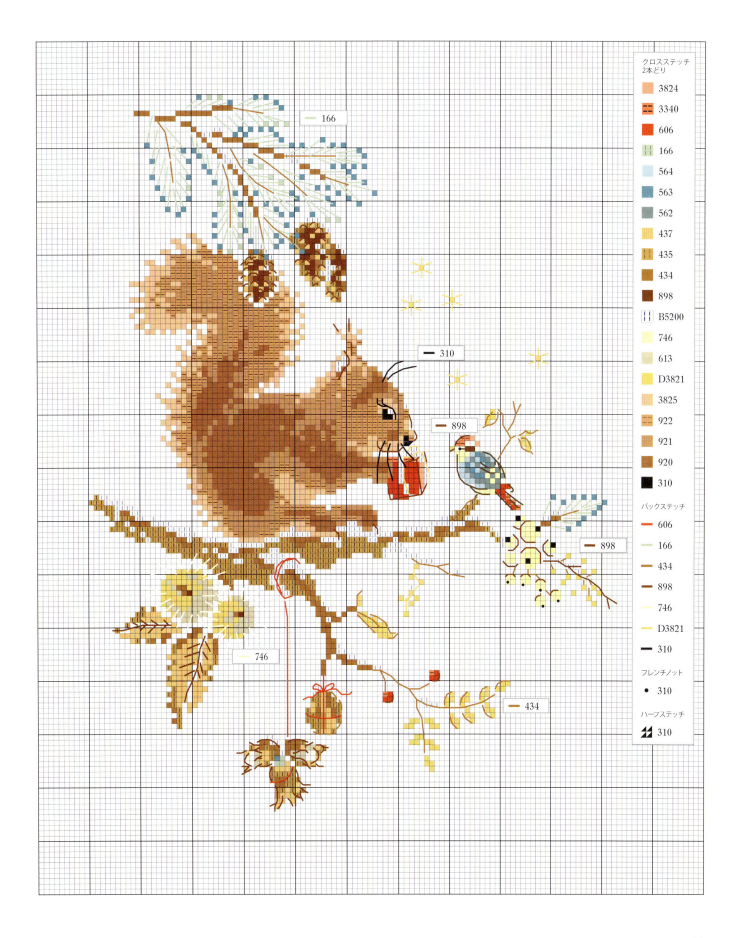

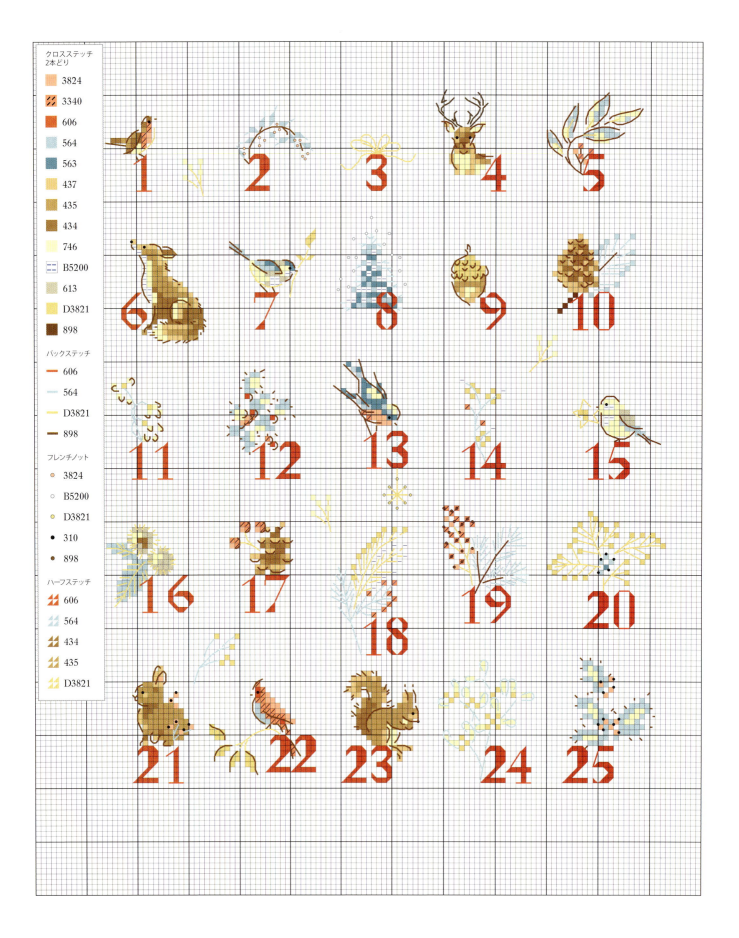

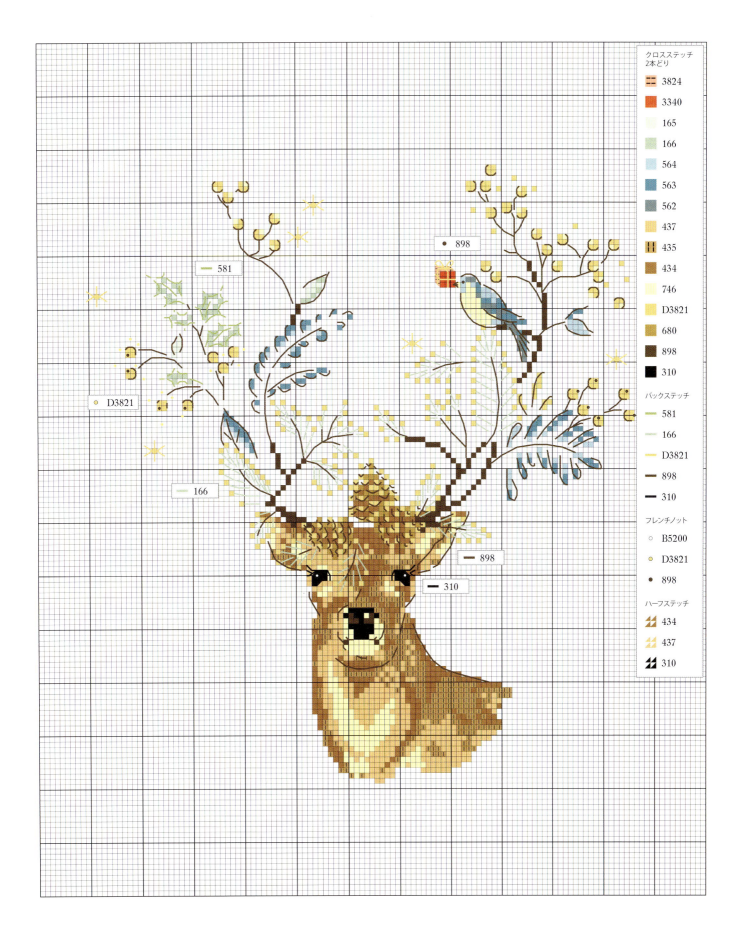

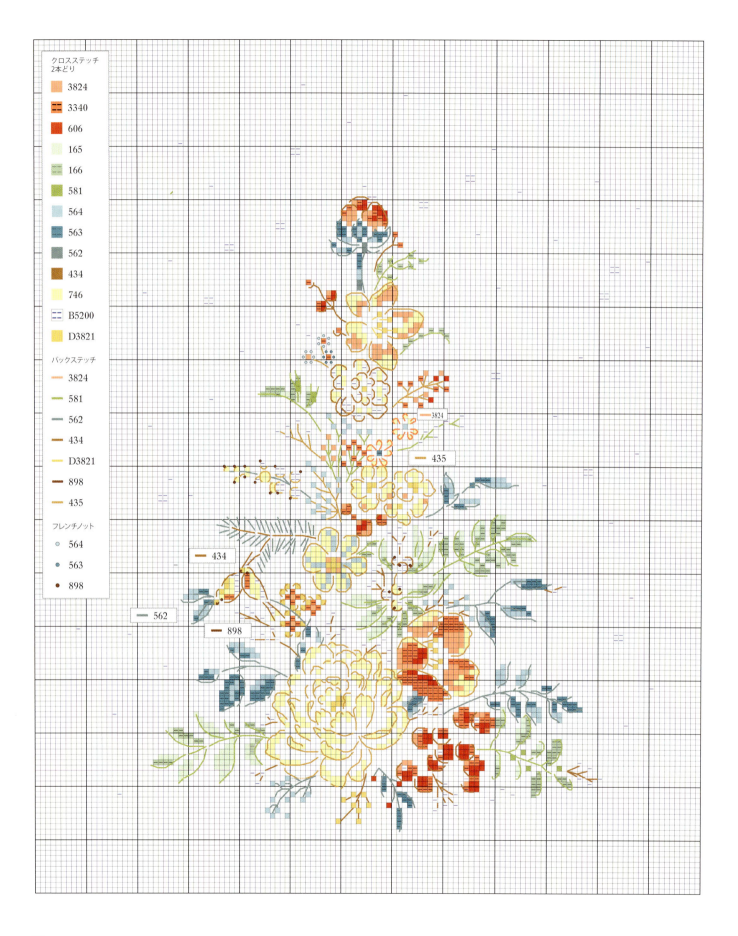

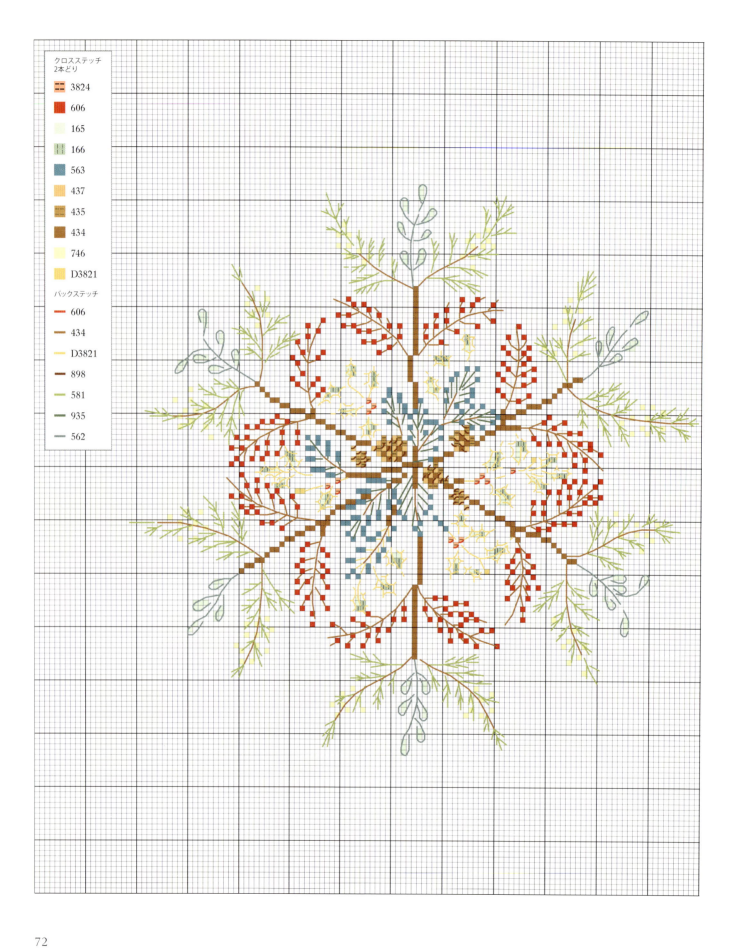

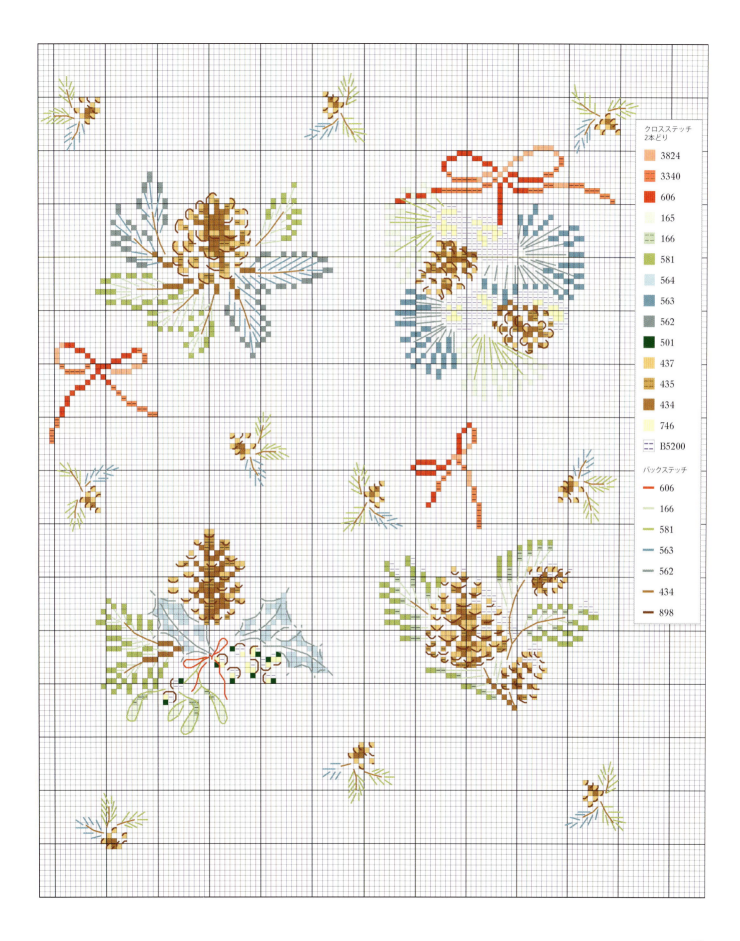

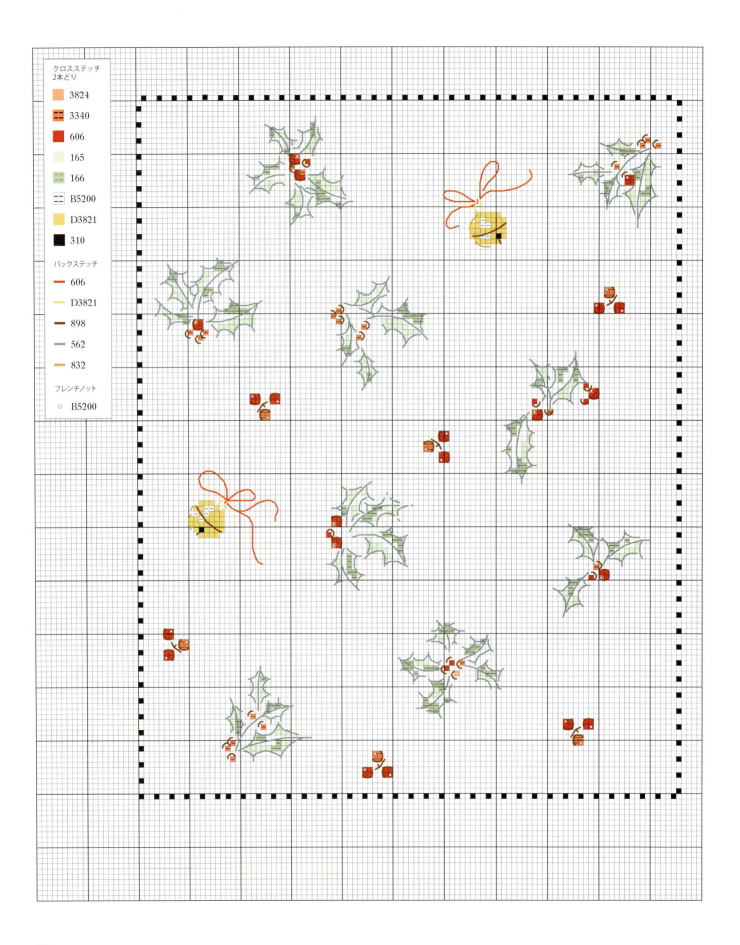

75

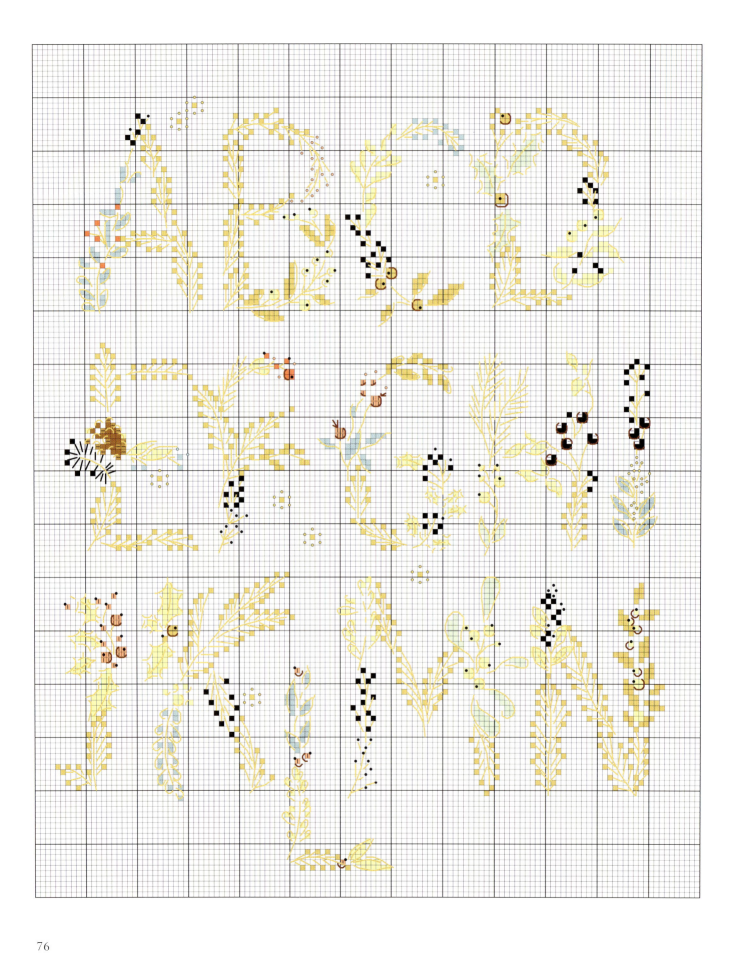

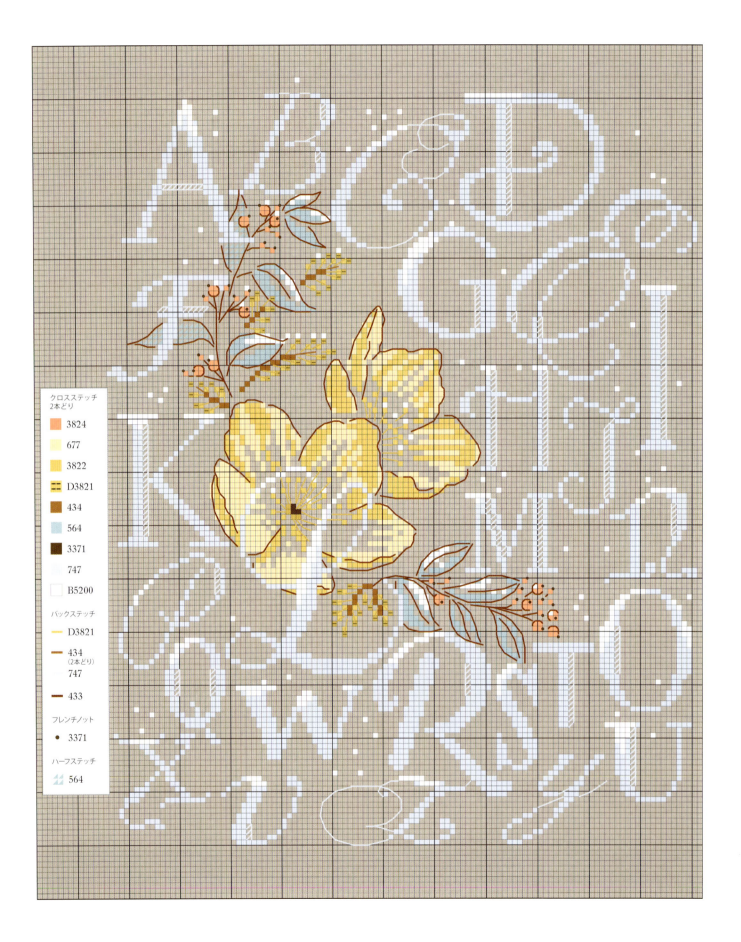

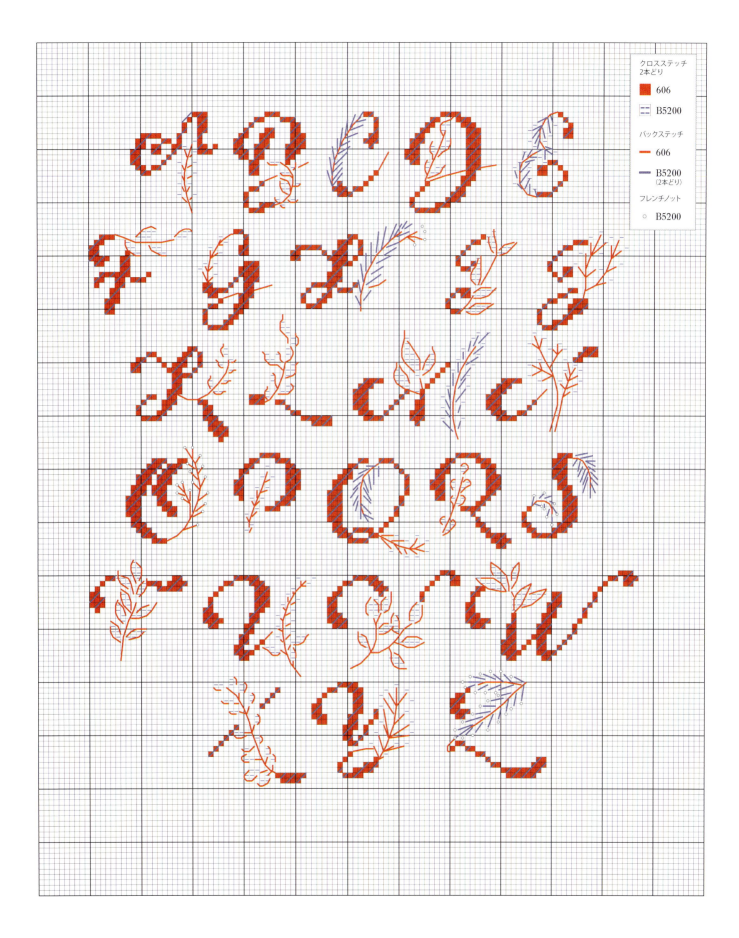

Une envolée d'aigrettes
たゆたうタンポポの綿毛

フランス語でタンポポは「pissenlit」。そのギザギザした葉っぱから、「dent-de-lion（ライオンの歯）」の名も。フランスではこの葉を食用にします。野生ではなく遮光栽培したもので葉はやわらか。ピサンリの葉のサラダは、チコリのような苦味が心地よい、春の訪れを告げるごちそうです。

Le bouquet de roses
バラの花束

フランス北部ピカルディー地方のジェルブロワ(Gerberoy)は、中世の面影を残す美しい村。毎年5～6月にはバラの花で埋め尽くされます。この村が"バラの村"になったのは、20世紀初頭の画家アンリ・ル・シダネルが自宅の庭にバラ園を造り、村人たちにもバラを植えるよう呼びかけたのが始まりです。

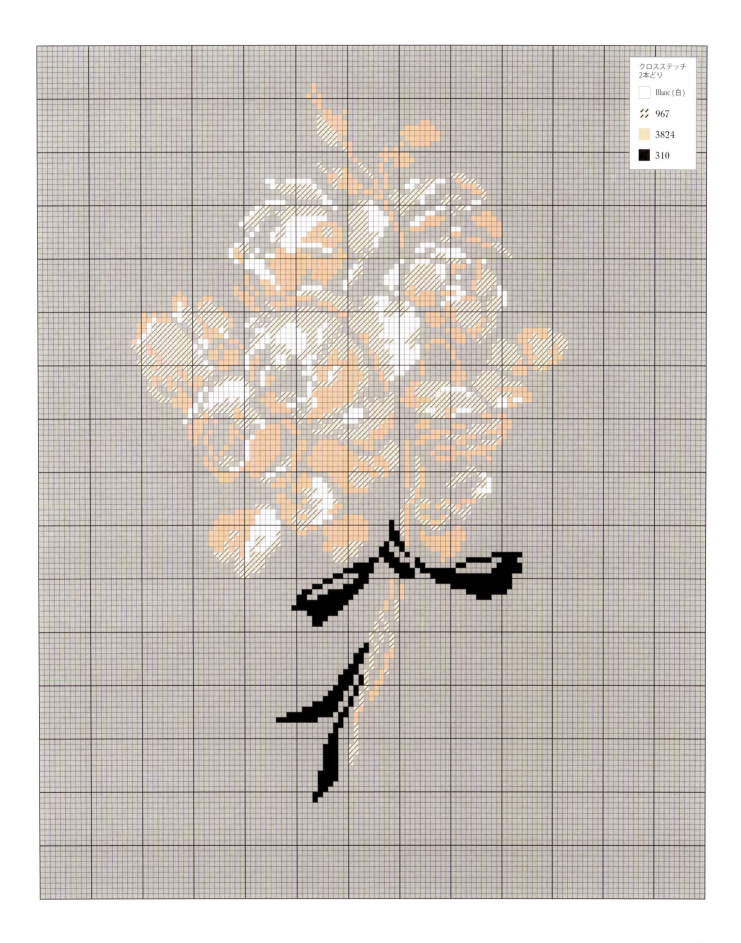

Paysage enneigé
雪景色

「スノードーム」の原型が初お目見えしたのは、1878年のパリ万博。それは球形のガラスの中に、傘を差した人形が佇むペーパーウェイトで、動かすと白い粒が雪のように舞いました。けれどあまり評判にならないまま、迎えた1889年のパリ万博。完成したばかりのエッフェル塔モチーフを閉じ込めたスノードームが登場し、お土産として大ヒットしました。

Fougère délicate
繊細なシダ

フランスではかつてワラビを、ベッドマットの詰め物にしたり、屋根の葺き材として使っていました。ワラビは染料としても優秀です。若葉を煮詰め、ミョウバンを媒染剤として加えれば、やさしい黄緑〜淡い緑に。代わりに硫酸鉄を加えれば、より濃い緑に染まります。スコットランドでは今も、タータンチェック用の毛糸をワラビで染めています。

Jouons à chat
おしゃまなネコ

メトロやバスの中、カフェやレストラン、パリの街ではイヌを連れた人をよく見かけます。フランス人はイヌ派が多いのかと思いきや、ネコは熱帯魚に次いで人気のペット。イヌはその次に続きます。フランスは、ペットを飼っている人の人口比率が世界で一番高い国なのです。ペットを飼う自由が国民に認められており、ペット可の物件を見つけるのが大変な日本と異なり、小さな賃貸アパートでもペットと暮らせます。

La baleine à fanon
クジラの歌

ぎゅっと絞めあげて細さの限りを強調したウエスト……。ドレスを美しく着るべく、ヨーロッパの女性たちの美の追求は、我慢の上に成り立っていました。16世紀、ビュスチエの裏地にクジラの髭が用いられるようになると、生地と身体のラインは完璧に保たれるようになりました。さらに17世紀になると、クジラの骨を入れたコルセットが登場し、究極のウエストラインが実現したのです。

Le renard et la cigogne
キツネとコウノトリ

『ラ・フォンテーヌ寓話』は、紀元前から語り継がれたイソップ寓話を下敷きに、フランスの詩人ジャン・ドゥ・ラ・フォンテーヌがまとめた寓話集。『キツネとコウノトリ』は、キツネに意地悪をされたコウノトリが、同じような意地悪をしてキツネに仕返しをするお話。他人を傷つけた者は、いつか自分も同じように傷つくという教訓が込められています。

フランス語のプチレッスン
～ステッチの参考に！～

イレテ・ユヌ・フォワ
Il était une fois　　　　　むかしむかし……

Cadre aux tulipes
チューリップ畑

チューリップはトルコが原産で、名前の由来はトルコ語で「ターバン」を意味する「ツルバン (tülbent)」から。16世紀にオランダへ伝わるとまたたく間に人気になり、高値で取引されるようになりました。"チューリップ狂時代"のピーク（1636～1637年）には、珍しいチューリップの球根1つと家1軒が交換されたこともあるといいます。

Cabane dans les arbres
夢のツリーハウス

子どものころに、木の上の秘密基地に憧れたことがあるのでは？フランスではそんな夢を現実にした、ツリーハウスが注目を集めています。簡素な小屋からお城の形をしたものなどさまざま。ツリーハウスの専門工房「ラ・キャバーヌ・ペルシェ（La Cabane Perchée）」は、過去15年で500棟を造りました。設置する樹木の太い枝を1本も切り落とさずに済むよう、樹木の形状に適したハウス造りが評価されています。

Sous la pluie
雨降り

ポルトガル北部の町アゲダ(Águeda)で2012年に始まった「アンブレラ・スカイ・プロジェクト(Umbrella Sky Project)」は、町中の青空天井にカラフルな傘を張り巡らしたアートイベント。2019年の春にはパリにも初上陸し、マドレーヌ寺院近くのアーケード「ル・ヴィラージュ・ロワイヤル(Le Village Royal)」が800本もの傘で彩られました。

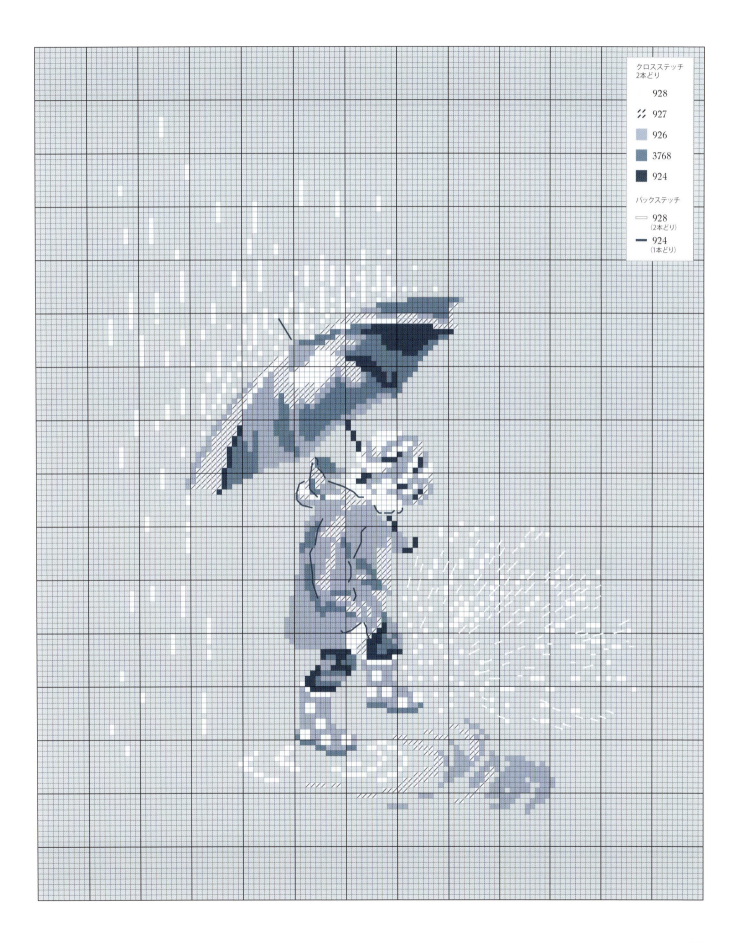

Sapin de Noël
クリスマスツリー

ツリーに飾るガラス製のオーナメントボールの前身は、「クーゲル（Kugel）」という吹きガラス。ドイツ語で「玉」を意味し、家の戸口に飾って悪霊を追い払うお守りでした。1830年代に、この玉をツリーに飾る風習が生まれ、1847年にはドイツの町ラウシャ（Lauscha）のガラス工房が、クリスマスのオーナメントとして製作に着手したことで普及しました。

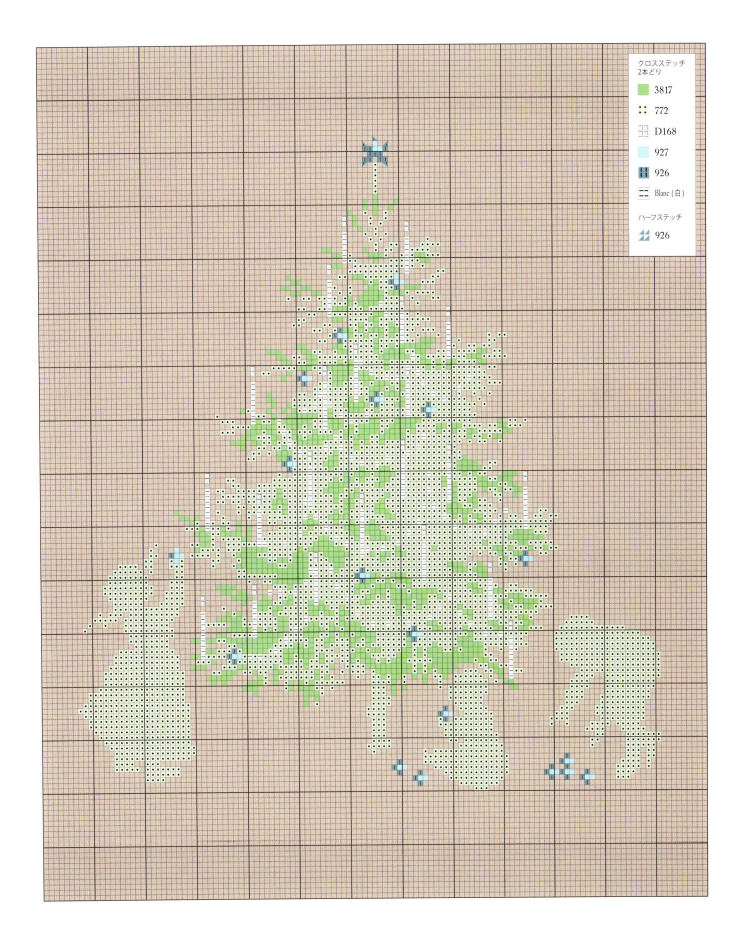

Nécessaire à broder
刺しゅう道具

「指ぬき」が歴史に登場するのは紀元前5000年。エジプトで考案され、古代ギリシャやローマへと受け継がれたのです。当時は骨や象牙、角が材料でした。やがて10世紀になると、指ぬきはお針子の必須アイテムに。主にブロンズ製で、現代とほぼ同じ形状でした。中世とルネサンスの時期には安価な真鍮製が広く流通しましたが、17世紀になると、金製や銀製の芸術作品といえるものもが多く作られました。

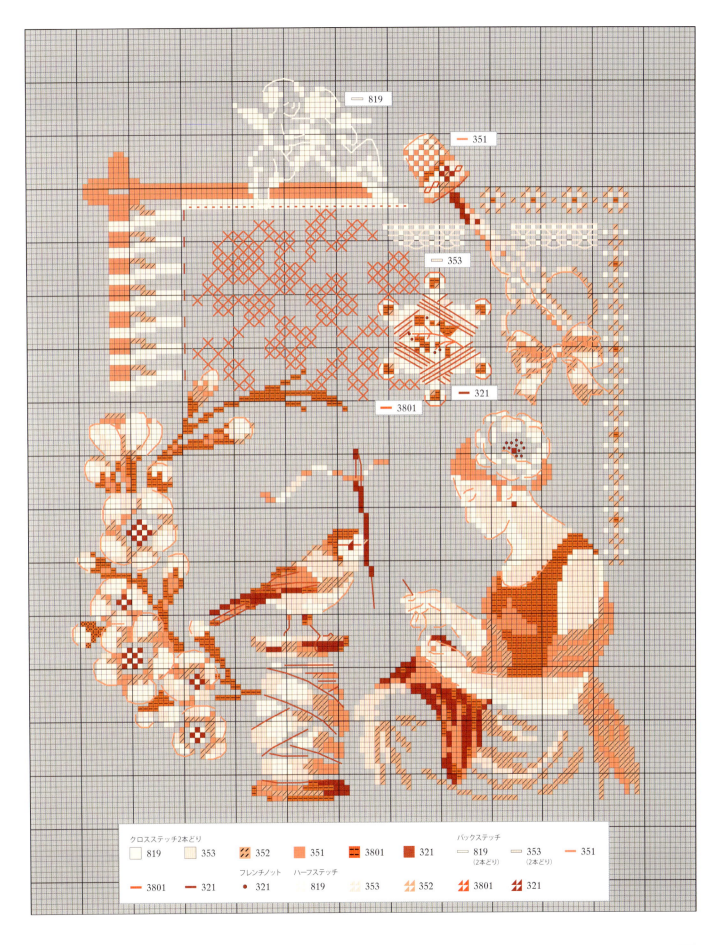

Les enseignes des métiers
かわいい看板

フランスの小さな町や村では、昔ながらの木製や鉄細工の看板を見かけることがあります。かつては字を読めない人が多かったので、一目で何のお店か分かるよう、看板で職業を表していたのです。

ル・ジャルディニエ	LE JARDINIER	庭師
ラ・ブロデューズ	LA BRODEUSE	お針子
ル・カヴァリエ	Le Cavaliers	騎手
ラ・コントゥーズ	La Conteuse	物語作家
ビヤンヴニュ	Bienvenue	ようこそ
ル・マレシェ	Le Maraicher	野菜栽培者
ル・ペシュール	LE PECHEUR	漁師
ラ・キュイジニエール	La Cuisinière	料理人

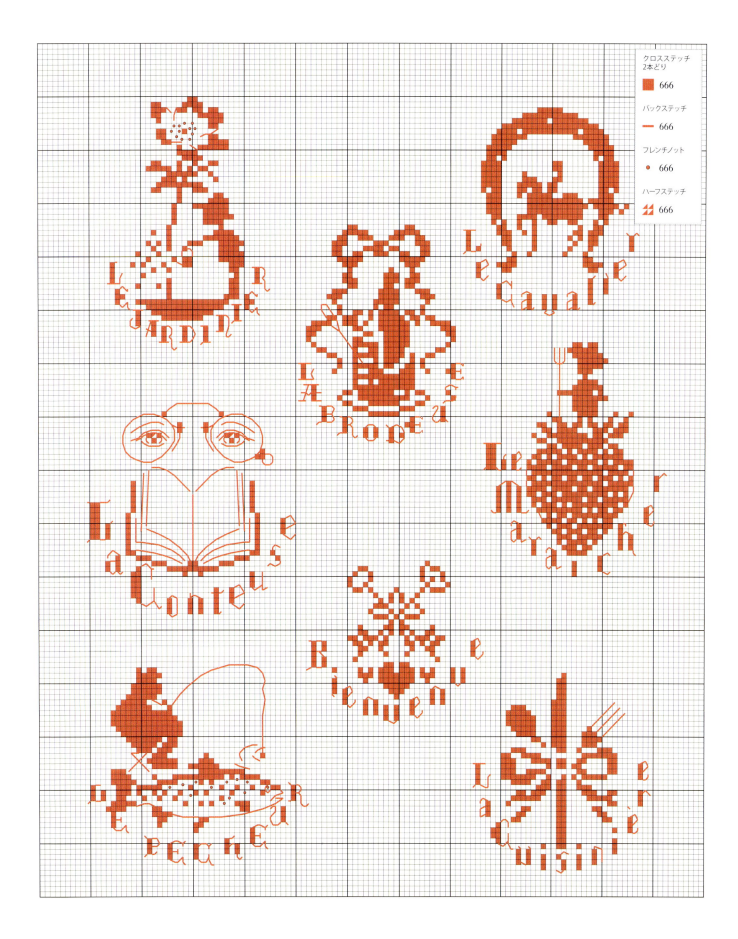

Décor champêtre
ロココな田園風景

「トワル・ドゥ・ジュイ（Toile de Jouy）」は、フランスの伝統的なプリント生地。1760年〜1843年にかけて、ヴェルサイユ近郊の村、ジュイ＝アン＝ジョザス（Jouy-en-Josas）の工場で3万点ものデザインが生み出されました。それは、人物が憩う田園風景や動植物のモチーフを単一の色調で染め上げた、ロココ調の絵画を思わせる優雅な生地。かのマリー＝アントワネットも好んでドレスの素材に用いました。

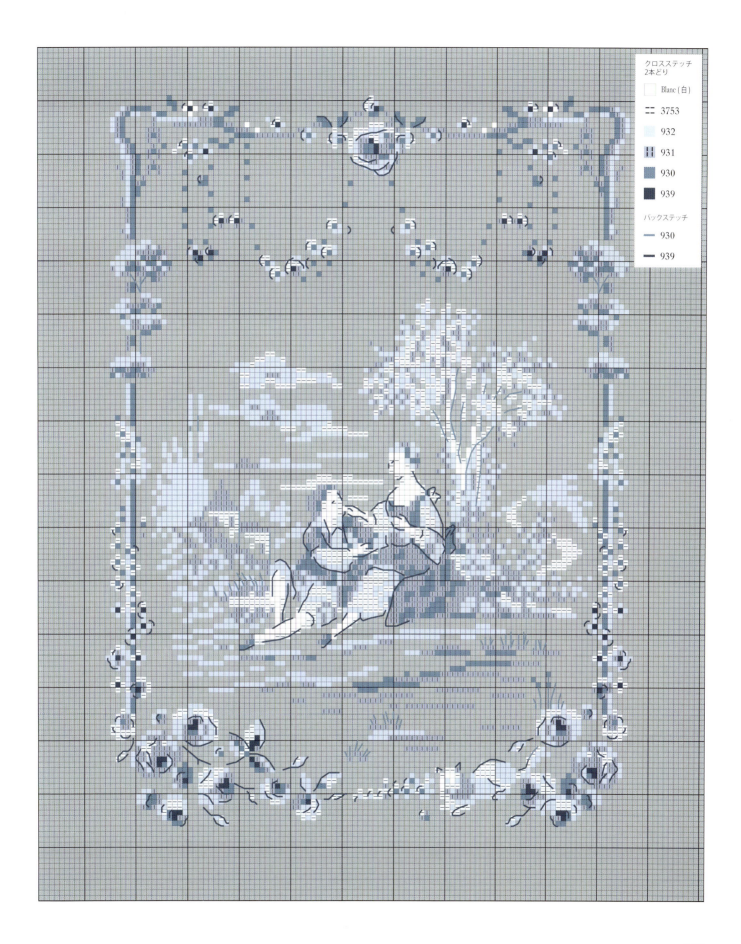

Le paon blanc
白いクジャク　　チャート：P.110

パリ西部に広がる広大なブローニュの森の一角を占める「バガテル公園（Parc de Bagatelle）」は、ヨーロッパで最大規模のバラ園が有名です。約1200種のバラが1万本近く咲き誇り、毎年6月には、新種のバラの国際コンクールが行われます。また、カモやガチョウに交じり、クジャクが放し飼いにされており、悠々と闊歩しています。運がよければクジャクが羽を広げた姿を見られるかも。

刺しゅうの出来上がりサイズと目数について

ステッチを始める前に

・布を選んだら、後に述べる方法で図案の出来上がりサイズを割り出し、布をカットします。図案のモチーフをステッチしやすいように、余裕を持たせましょう。また、額に入れる場合や、縫い合わせて作品に仕上げる場合は、モチーフの周りに余白を持たせることも忘れずに。

・布をカットしたら、ほつれ防止のために縁をかがる。

・布を4つ折りにして中心を見つける。大きなタペストリーなど複雑な図案をステッチする場合は、縦と横の中心線をしつけ糸で縫っておけば目印となり、ステッチが刺しやすくなります（ステッチが仕上がったらしつけ糸は取り除くので、きつく刺しすぎないこと）。

チャート

チャートは小さな方眼状になっていて、それぞれのマス目の色は、ステッチに使う糸の色と対応しています。各色の番号は、DMCの刺しゅう糸に対応しています。

チャートをカラーコピーで拡大すれば、見やすくなって、作業がはかどるでしょう。

カウントについて

「Counted」の略で、「ct」と表記し、1インチ（2.54cm）の中に布目が何目あるのかをいいます。例えば、11ctは、1インチに11目あるという意味で、カウント数が増えるにしたがって目は細かくなっていきます。

出来上がりサイズ

出来上がりサイズは、使う布の目数によって変わってきます。1cmあたりの目数が多ければ多いほど、ステッチの数は多くなり、モチーフは小さくなります。出来上がりが何cmになるかを割り出すには、次の方法にしたがって計算してください。

1. 布1cmあたりの目数を、何目ごとにステッチするかで割り、1cmあたりのステッチの数を割り出します。
例）1cm＝11目の布に2目刺しする場合、ステッチは1cmあたり5.5目（11目÷2目ごと）。

2. チャートのステッチ数（幅＆高さのマス目の数）を数え、その数を5.5で割れば、出来上がりサイズが割り出せます。
例）：250目（幅）×250目（高さ）の場合
幅：250÷5.5＝約45cm
高さ：250÷5.5＝約45cm

カウントについて

以下は、布の目数とステッチの目数の換算表です。図案の出来上がりサイズを割り出すのに参考にしてください。

布の目数	1cmあたりの クロスステッチの数 （2目刺しの場合）	カウント
エタミン		
1cm＝5目	2.5目	13ct
1cm＝10目	5目	25ct
1cm＝11目	5.5目	28ct
リネン		
1cm＝5目	2.5目	13ct
1cm＝10目	5目	25ct
1cm＝11目	5.5目	28ct

本書では、「ハーフ・クロスステッチ」を「ハーフステッチ」と表記しています。「ハーフステッチ」は2本どり、「バックステッチ」は1本どりで刺しゅうしています。糸の本数について別な指定がある場合は、各チャートに明記しています。

これは便利！ステッチのバリエーション

✽ クロスステッチといっしょに使えるステッチと、針から抜けにくい糸の通し方

線をバックステッチまたはホルベインステッチで刺すことができます。チャートでは、線で描かれている部分をバックステッチ（B.S）と表記していることが多いのですが、バックステッチに限らずホルベインステッチ（ダブル・ランニングステッチ）で刺すこともできます。表から見るとほぼ同じ針目に見えますが、バックステッチよりも、ホルベインステッチの方がつながりのよいなめらかな線が表現しやすいステッチです。

■ バックステッチ

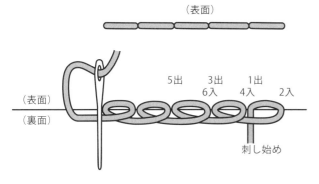

■ ホルベインステッチ

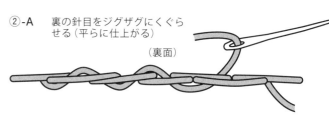

▶ バックステッチまたはホルベインステッチの裏の始末

刺しはじめの糸も刺し終わりと同様に始末しましょう。

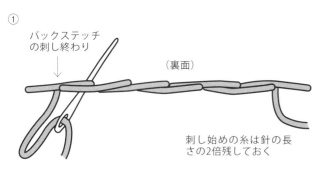

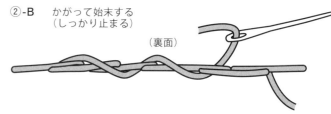

②-A 裏の針目をジグザグにくぐらせる（平らに仕上がる）

②-B かがって始末する（しっかり止まる）

○ 針から糸が抜けやすくて刺しにくい場合の糸の通し方

1本どりで抜けやすいときは糸を動かないように留めてからステッチすると、作業がしやすくなります。

①針に糸を通す。

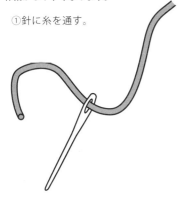

②短い側の糸に針を刺し、くぐらせる。

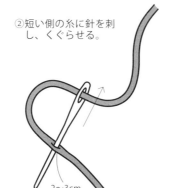

③糸の長い側を引く。糸が止まって抜けなくなる。

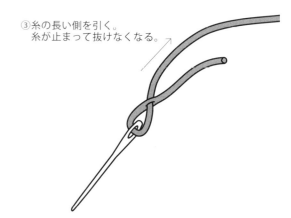

これは便利！チャートの見方と刺し方

❈ クロスステッチとバックステッチが重なる場合

先にクロスステッチを刺し、バックステッチ（あるいはホルベインステッチ）はあとから刺します。バックステッチは、渡る糸が長くなりすぎないように注意しましょう。

■ チャートでの表し方

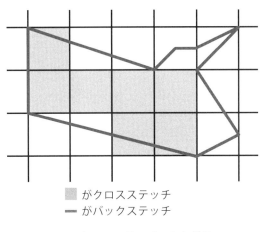

▨ がクロスステッチ
― がバックステッチ

※ クロスステッチ　2本どり
　　バックステッチ　1本どり

■ クロスステッチ用リネンに2目刺しで刺したとき

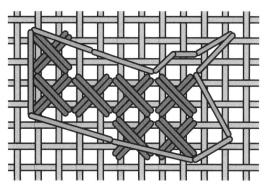

実際に刺したときの様子

▶ スリー・クォーターステッチとハーフ・クロスステッチを理解する

△の表記には、スリー・クォーターステッチと、ハーフ・クロスステッチがあります。
½ステッチと明記されることもあります。

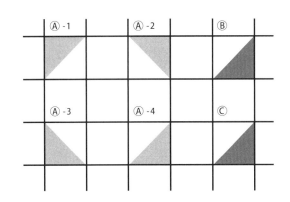

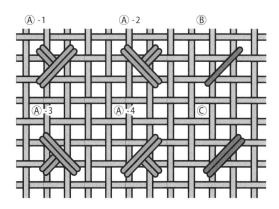

Ⓐ-1　斜めの長いステッチとそれに直角に交わるステッチ半分で1マスの半分を三角に埋める。
Ⓑ,Ⓒ　ハーフ・クロスステッチ
　　　クロスステッチの×の半分、斜めだけのステッチ。
　　　1本どりで遠くの景色や影を表現することも。

目数と出来上がりサイズ早見表

この表で、リネン(麻布)の織り糸2本を1目としたとき(2目刺し)とアイーダの刺しゅうの出来上がりサイズがわかります。例えば、1cmあたり織り糸が10本のリネンを使う場合、10目刺した時の刺しゅうサイズは2cmとなります。1cmあたり5.5ブロック(14ct)のアイーダを使う場合、11目刺した時の刺しゅうサイズは2cmとなります。

アイーダ	布の表示	13ct	14ct	16ct	18ct	20ct
	ブロック/in	13	14	16	18	20
	ブロック/cm	5	5.5	6.3	7	8
	目/cm	5	5.5	6.3	7	8
リネン	布の表示	25ct	28ct	32ct	36ct	40ct
	織り糸本/in	25	28	32	36	40
	織り糸本/cm	10	11	12.6	14	16
	目/cm	5	5.5	6.3	7	8

〈目数〉

目数	13ct	14ct	16ct	18ct	20ct
5	1				
6	1.2	1.1	1		
7	1.4	1.3	1.1	1	
8	1.6	1.5	1.3	1.1	1
9	1.8	1.6	1.4	1.3	1.1
10	2	1.8	1.6	1.4	1.3
11	2.2	2	1.7	1.6	1.4
12	2.4	2.2	1.9	1.7	1.5
13	2.6	2.4	2.1	1.9	1.6
14	2.8	2.5	2.2	2	1.8
15	3	2.7	2.4	2.1	1.9
16	3.2	2.9	2.5	2.3	2
17	3.4	3.1	2.7	2.4	2.1
18	3.6	3.3	2.9	2.6	2.3
19	3.8	3.5	3	2.7	2.4
20	4	3.6	3.2	2.9	2.5
21	4.2	3.8	3.3	3	2.6
22	4.4	4	3.5	3.1	2.8
23	4.6	4.2	3.7	3.3	2.9
24	4.8	4.4	3.8	3.4	3
25	5	4.5	4	3.6	3.1
26	5.2	4.7	4.1	3.7	3.3
27	5.4	4.9	4.3	3.9	3.4
28	5.6	5.1	4.4	4	3.5
29	5.8	5.3	4.6	4.1	3.6
30	6	5.5	4.8	4.3	3.8
31	6.2	5.6	4.9	4.4	3.9
32	6.4	5.8	5.1	4.6	4
33	6.6	6	5.2	4.7	4.1
34	6.8	6.2	5.4	4.9	4.3
35	7	6.4	5.6	5	4.4
36	7.2	6.5	5.7	5.1	4.5
37	7.4	6.7	5.9	5.3	4.6
38	7.6	6.9	6	5.4	4.8
39	7.8	7.1	6.2	5.6	4.9
40	8	7.3	6.3	5.7	5
41	8.2	7.5	6.5	5.9	5.1
42	8.4	7.6	6.7	6	5.3
43	8.6	7.8	6.8	6.1	5.4
44	8.8	8	7	6.3	5.5
45	9	8.2	7.1	6.4	5.6
46	9.2	8.4	7.3	6.6	5.8
47	9.4	8.5	7.5	6.7	5.9
48	9.6	8.7	7.6	6.9	6
49	9.8	8.9	7.8	7	6.1
50	10	9.1	7.9	7.1	6.3
51	10.2	9.3	8.1	7.3	6.4
52	10.4	9.5	8.3	7.4	6.5
53	10.6	9.6	8.4	7.6	6.6
54	10.8	9.8	8.6	7.7	6.8
55	11	10	8.7	7.9	6.9
56	11.2	10.2	8.9	8	7
57	11.4	10.4	9	8.1	7.1
58	11.6	10.5	9.2	8.3	7.3
59	11.8	10.7	9.4	8.4	7.4
60	12	10.9	9.5	8.6	7.5
61	12.2	11.1	9.7	8.7	7.6
62	12.4	11.3	9.8	8.9	7.8
63	12.6	11.5	10	9.0	7.9
64	12.8	11.6	10.2	9.1	8
65	13	11.8	10.3	9.3	8.1
66	13.2	12	10.5	9.4	8.3
67	13.4	12.2	10.6	9.6	8.4
68	13.6	12.4	10.8	9.7	8.5
69	13.8	12.5	11	9.9	8.6
70	14	12.7	11.1	10	8.8
71	14.2	12.9	11.3	10.1	8.9
72	14.4	13.1	11.4	10.3	9
73	14.6	13.3	11.6	10.4	9.1
74	14.8	13.5	11.7	10.6	9.3
75	15	13.6	11.9	10.7	9.4
76	15.2	13.8	12.1	10.9	9.5
77	15.4	14	12.2	11	9.6
78	15.6	14.2	12.4	11.1	9.8
79	15.8	14.4	12.5	11.3	9.9
80	16	14.5	12.7	11.4	10
81	16.2	14.7	12.9	11.6	10.1
82	16.4	14.9	13	11.7	10.3
83	16.6	15.1	13.2	11.9	10.4
84	16.8	15.3	13.3	12	10.5

1インチ(inch、記号:in)は25.4ミリメートル

アイーダ / リネン

布の表示	13ct	14ct	16ct	18ct	20ct
ブロック/in	13	14	16	18	20
ブロック/cm	5	5.5	6.3	7	8
目/cm	5	5.5	6.3	7	8
布の表示	25ct	28ct	32ct	36ct	40ct
織り糸本/in	25	28	32	36	40
織り糸本/cm	10	11	12.6	14	16
目/cm	5	5.5	6.3	7	8

〈目数〉

目数	13ct	14ct	16ct	18ct	20ct
85	17	15.5	13.5	12.1	10.6
86	17.2	15.6	13.7	12.3	10.8
87	17.4	15.8	13.8	12.4	10.9
88	17.6	16	14	12.6	11
89	17.8	16.2	14.1	12.7	11.1
90	18	16.4	14.3	12.9	11.3
91	18.2	16.5	14.4	13	11.4
92	18.4	16.7	14.6	13.1	11.5
93	18.6	16.9	14.8	13.3	11.6
94	18.8	17.1	14.9	13.4	11.8
95	19	17.3	15.1	13.6	11.9
96	19.2	17.5	15.2	13.7	12
97	19.4	17.6	15.4	13.9	12.1
98	19.6	17.8	15.6	14	12.3
99	19.8	18	15.7	14.1	12.4
100	20	18.2	15.9	14.3	12.5
101	20.2	18.4	16	14.4	12.6
102	20.4	18.5	16.2	14.6	12.8
103	20.6	18.7	16.3	14.7	12.9
104	20.8	18.9	16.5	14.9	13
105	21	19.1	16.7	15	13.1
106	21.2	19.3	16.8	15.1	13.3
107	21.4	19.5	17	15.3	13.4
108	21.6	19.6	17.1	15.4	13.5
109	21.8	19.8	17.3	15.6	13.6
110	22	20	17.5	15.7	13.8
111	22.2	20.2	17.6	15.9	13.9
112	22.4	20.4	17.8	16	14
113	22.6	20.5	17.9	16.1	14.1
114	22.8	20.7	18.1	16.3	14.3
115	23	20.9	18.3	16.4	14.4
116	23.2	21.1	18.4	16.6	14.5
117	23.4	21.3	18.6	16.7	14.6
118	23.6	21.5	18.7	16.9	14.8
119	23.8	21.6	18.9	17	14.9
120	24	21.8	19	17.1	15
121	24.2	22	19.2	17.3	15.1
122	24.4	22.2	19.4	17.4	15.3
123	24.6	22.4	19.5	17.6	15.4
124	24.8	22.5	19.7	17.7	15.5
125	25	22.7	19.8	17.9	15.6
126	25.2	22.9	20	18	15.8
127	25.4	23.1	20.2	18.1	15.9
128	25.6	23.3	20.3	18.3	16
129	25.8	23.5	20.5	18.4	16.1
130	26	23.6	20.6	18.6	16.3
131	26.2	23.8	20.8	18.7	16.4
132	26.4	24	21	18.9	16.5
133	26.6	24.2	21.1	19	16.6
134	26.8	24.4	21.3	19.1	16.8
135	27	24.5	21.4	19.3	16.9
136	27.2	24.7	21.6	19.4	17
137	27.4	24.9	21.7	19.6	17.1
138	27.6	25.1	21.9	19.7	17.3
139	27.8	25.3	22.1	19.9	17.4
140	28	25.5	22.2	20	17.5
141	28.2	25.6	22.4	20.1	17.6
142	28.4	25.8	22.5	20.3	17.8
143	28.6	26	22.7	20.4	17.9
144	28.8	26.2	22.9	20.6	18
145	29	26.4	23	20.7	18.1
146	29.2	26.5	23.2	20.9	18.3
147	29.4	26.7	23.3	21	18.4
148	29.6	26.9	23.5	21.1	18.5
149	29.8	27.1	23.7	21.3	18.6
150	30	27.3	23.8	21.4	18.8
151	30.2	27.5	24	21.6	18.9
152	30.4	27.6	24.1	21.7	19
153	30.6	27.8	24.3	21.9	19.1
154	30.8	28	24.4	22	19.3
155	31	28.2	24.6	22.1	19.4
156	31.2	28.4	24.8	22.3	19.5
157	31.4	28.5	24.9	22.4	19.6
158	31.6	28.7	25.1	22.6	19.8
159	31.8	28.9	25.2	22.7	19.9
160	32	29.1	25.4	22.9	20
161	32.2	29.3	25.6	23	20.1
162	32.4	29.5	25.7	23.1	20.3
163	32.6	29.6	25.9	23.3	20.4
164	32.8	29.8	26	23.4	20.5

1インチ（inch、記号：in）は25.4ミリメートル

Des sachets en pomme de pin
松ぼっくりのサシェ … Photo P. 42-43 Chart P. 73

材料
- リネン刺しゅう布（白11目／cm）14×30cm（横×縦）2枚
- フェルト（白）12×22cm（横×縦）2枚
- ボタン（赤と白の模様、直径1.5cm）1個
- コード（赤と白の模様）16cm

- 出来上がりサイズ
  約12×16cm（横×縦）

- 刺しゅうのサイズ
  約8×8〜11.5×14cm（横×縦）

- 単位はcm

作り方
1. 刺しゅう布の1枚に刺しゅうをする。刺しゅうの位置は、下から4cmに、ただし、黒と白の木の実のモチーフの場合は、下から1.5cmのところに配置する。
2. 刺しゅうをした布を、上7cm、左右と下を1cm、裏に折って縦22cm×横12cmになるようにする。折り返しに挟み込むように、フェルト布を重ねる。もう1枚の刺しゅう布（刺しゅうをしていない方の布）も同様にする。
3. 2の布を外表に合わせ、両脇と下辺をまつり縫いで縫い合わせ袋状にする。
4. マチを作る。底の角を脇と底の縫い目が重なるように折り直す。角から1.5cmのところで底側に折って縫い止める。
5. 後ろ側の布（刺しゅうをしてない布）の袋口の中心に目打ちで穴を開け、わにしたコードの端を入れて、糸で止める。そして、表側の布（刺しゅうをしてある布）の上から9cmにボタンを縫い付ける。サシェの上部を約4cm折り、ループをボタンに巻き付けて止める。

寸法図

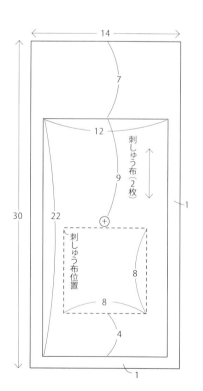

大きい図案の場合

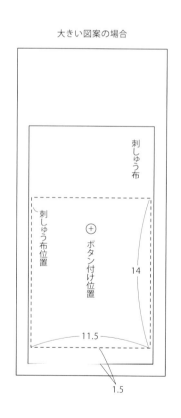

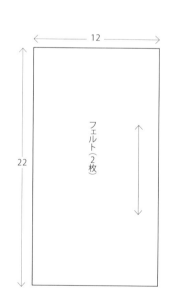

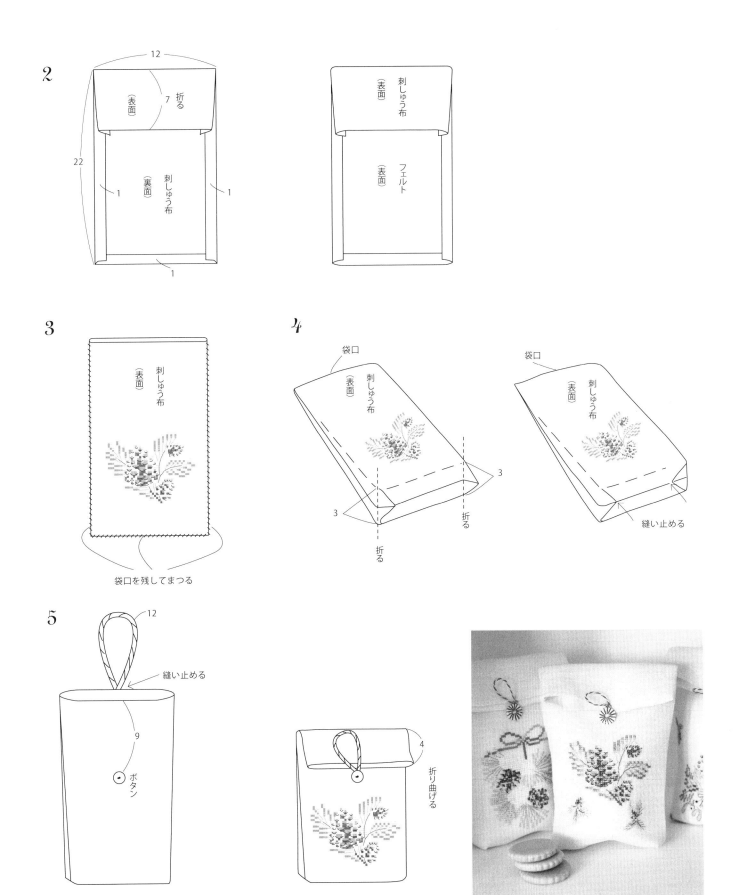

フランスの森と動物のクロスステッチ
—— 214点のたおやかで美しいモチーフ ——

2019年 9月25日　　初版第1刷発行

著者　　　　　エレーヌ・ル・ベール（ⓒ Hélène Le Berre）
発行者　　　　長瀬 聡
発行所　　　　株式会社グラフィック社
　　　　　　　〒102-0073 東京都千代田区九段北1-14-17
　　　　　　　Phone: 03-3263-4318　Fax: 03-3263-5297
　　　　　　　http://www.graphicsha.co.jp
　　　　　　　振替00130-6-114345

印刷製本　　　図書印刷株式会社

乱丁・落丁本はお取り替えいたします。
本書掲載の図版・文章の無断掲載・借用・複写を禁じます。
本書のコピー、スキャン、デジタル化等の無断複製は著作権法上の例外を除き禁じられています。本
書を代行業者等の第三者に依頼してスキャンやデジタル化することは、たとえ個人や家庭内での利用
であっても著作権法上認められておりません。

図案の著作権は、著者に帰属します。図案の商業利用はお控えください。あくまでも個人でお楽しみ
になる範囲で節度あるご利用をお願いします。

本書の作品写真は、フランス語版原著に基づいています。本書のチャートと一致しない部分もありま
す。イメージカットとしてご参照願います。

本書では、「ハーフクロスステッチ」を「ハーフステッチ」と表記しています。

ISBN978-4-7661-3280-9 C2077

Japanese text and instruction page: pp. 113 -119
ⓒ 2019 Graphic-sha Publishing Co., Ltd.

Printed and bound in Japan

和文版制作スタッフ

翻訳・執筆	柴田里芽
監修・目数チャート・技法ページ制作	安田由美子
組版・トレース	石岡真一
カバーデザイン	北谷千顕（CRK DESIGN）
編集・制作進行	坂本久美子（グラフィック社）

材料に関するお問い合わせはこちらへ

ディー・エム・シー株式会社
〒101-0035 東京都千代田区神田紺屋町13番地 三東ビル7F
TEL: 03-5296-7831　FAX; 03-5296-7883
WEBカタログ www.dmc.kk.com